CHEMIN DE FER

DE

PARIS A STRASBOURG

PAR LA VALLÉE DE LA MARNE,

PASSANT PAR

MEAUX, LA-FERTÉ-SOUS-JOUARRE, CHATEAU-THIERRY, DORMANS, ÉPERNAY, CHALONS, VITRY-LE-FRANÇAIS, BAR-LE-DUC, TOUL, NANCY, LUNÉVILLE, SARREBOURG, VULZELBOURG, SAVERNE ET WUTTENHEIM.

RAPPORT

SOUS LE POINT DE VUE DE L'ART ET DES PRODUITS,

Présenté à MM. les fondateurs de la Société pour l'exécution de cette ligne, aux termes de la loi du 11 juin 1842,

PAR ALEXANDRE CORRÉARD,

INGÉNIEUR, UN DES FONDATEURS.

PARIS

LIBRAIRIE-SCIENTIFIQUE-INDUSTRIELLE
de L. MATHIAS (Aug.)
QUAI-MALAQUAIS, 15.

1844

CHEMIN DE FER

DE

PARIS A STRASBOURG

PAR LA VALLÉE DE LA MARNE,

PASSANT PAR

MEAUX, LA-FERTÉ-SOUS-JOUARRE, CHATEAU-THIERRY, DORMANS, ÉPERNAY, CHALONS, VITRY-LE-FRANÇAIS, BAR-LE-DUC, TOUL, NANCY, LUNÉVILLE, SARREBOURG, VULZELBOURG, SAVERNE ET WUTTENHEIM.

RAPPORT

SOUS LE POINT DE VUE DE L'ART ET DES PRODUITS,

Présenté à MM. les fondateurs de la Société pour l'exécution de cette ligne, aux termes de la loi du 11 juin 1842,

PAR ALEXANDRE CORRÉARD,

INGÉNIEUR, UN DES FONDATEURS.

PARIS

LIBRAIRIE SCIENTIFIQUE-INDUSTRIELLE
de L. MATHIAS (Aug.)
QUAI MALAQUAIS, 15.

1844

MESSIEURS,

Vous désirez que je vous fasse connaître mon opinion, tant sous le rapport de l'art que sous celui des produits, sur les diverses directions à donner à la ligne du chemin de fer de Paris à Strasbourg et qui ont été étudiées par l'administration des travaux publics. Je vais répondre à votre désir, messieurs, autant que me le permet le peu de temps que vous m'accordez pour ce travail.

J'aborde la question nettement sans plus de préambule.

CONSIDÉRATIONS GÉNÉRALES.

L'importance de la ligne de Paris à Strasbourg est si grande, elle résulte d'éléments si divers et si variés, qu'il serait presque impossible à l'esprit le plus exercé de les embrasser tous, et d'accorder une préférence à cette ligne plutôt sous le rapport politique, que sous tout autre rapport soit stratégique, commercial ou agricole. Quel que soit le point de vue sous lequel on envisage son importance, toujours on la trouve classée par sa nature au premier rang. Aucune affection particulière, aucun intérêt de localité, ne pourrait nous porter à constater par des raisonnements spécieux ou par des calculs exagérés, la grande importance de la ligne de Paris à Strasbourg ; ces considérations ne peuvent dominer notre jugement. Étranger aux belles et riches provinces de la Brie, de la Champagne, de la

Lorraine et de l'Alsace, nous ne sommes dominés que par l'amour de la vérité, l'impartialité qui nous caractérise, et par l'évidence des faits qui sont, à notre avis, les meilleures attestations qu'un ingénieur puisse invoquer.

Au surplus, tant pour rendre hommage au talent des orateurs éminents qui ont traité, à la tribune de la chambre des députés, les questions générales du chemin de fer de Paris à Strasbourg, que pour compléter notre rapport et prouver qu'il a été rédigé avec modération, nous allons donner des extraits des discours de plusieurs députés et de M. le ministre des travaux publics, tous étrangers, comme nous, aux diverses localités que doit traverser la ligne.

« Le chemin de fer du Hâvre sur Paris, disait, dans son Exposé des motifs, le ministre des travaux publics (séance du 15 février 1838), sera la tête commune des deux grandes lignes, dirigées, l'une de l'Océan sur Strasbourg et sur l'Allemagne, l'autre également de l'Océan sur Lyon, Marseille et la Méditerranée. Le Hâvre reçoit annuellement en cotons et en denrées coloniales plus de

3oo,ooo tonneaux de marchandises, dont un
tiers au moins emprunte la voie de terre,
pour se porter soit vers Lille, soit vers Paris,
soit vers l'Allemagne et la Suisse. Un chemin
de fer qui suppléera la voie de terre, avec
une économie notable de temps et de frais,
rendra donc au pays des services incontes-
tables. »

M. Billault, député de Nantes, disait :

« Le gouvernement, pour faire le chemin
de Belgique, s'appuie sur l'utilité politique,
l'utilité stratégique, et au besoin l'utilité
commerciale. Eh bien, il existe effective-
ment une ligne qui réunit à un grand degré
toutes ces conditions; mais ce n'est pas celle
de Belgique, c'est celle de Paris à Strasbourg.

« L'utilité politique ! Il faut, dit-on, nous
assimiler, nous assurer de plus en plus la
Belgique; c'est au nord le boulevard de la
France, c'est notre avant-corps contre l'ennemi. Mais croyez-vous qu'il n'y ait pas un
intérêt plus pressant encore à tâcher d'agir
sur l'Allemagne? La Belgique, c'est vous!
Elle a été longtemps française, et quel que

soit son intérêt commercial, elle a une raison décisive de ne jamais se détacher de l'union politique de la France : c'est qu'elle a la même tache originelle ; comme nous elle est révolutionnaire ; nous abandonner, ce serait périr.

« Quant à l'Allemagne, le principe de l'absolutisme domine les puissances qui la régissent ; ce qu'il faut, c'est nous mettre en contact avec elle ; c'est lier nos intérêts commerciaux ; c'est mêler nos populations aux siennes, sur l'admirable et prodigieux mouvement du chemin de fer ; c'est inoculer, par le développement incessant de notre contact, nos idées, nos principes ; c'est la rendre, sinon rebelle, du moins inerte aux velléités hostiles que pourraient avoir les gouvernements. Pour moi, la question politique est là, plus urgente à l'est qu'au nord.

« Quant à la question stratégique, je remarque sur la carte un chemin de fer voté, parallèle à notre frontière de Bâle à Strasbourg. La ligne de Paris à Strasbourg, perpendiculaire à ce premier tracé, et jetant sur Metz un court embranchement, vous donne pour couvrir votre frontière une admirable facilité. L'inconvénient stratégique d'une seule ligne débouchant à la frontière, c'est d'indiquer forcément à l'ennemi le point d'ouverture de son opération. Ici, cet inconvénient n'existe plus; vous pouvez à volonté porter vos efforts sur toute votre frontière, de Bâle à Metz; le surplus de l'est est couvert par la Suisse et ses montagnes; le nord l'est par la Belgique. L'immense utilité stratégique est évidente; et c'est là qu'est le danger, plus qu'en Belgique; car, encore une fois, la Belgique et ses forteresses doivent couvrir notre ligne du nord; il y a solidarité de péril entre elle et nous.

« Quant au point de vue commercial, la thèse est encore plus facile. Il faut nous lier de commerce, surtout avec les peuples qui n'ont pas les mêmes industries, les mêmes besoins que nous ; la diversité des besoins et des industries constitue la nécessité et le développement des échanges. Or, la Belgique a, comme nous, une frontière maritime, elle a des ports, une navigation à encourager. Le transit doit être désiré par elle comme il l'est par nous.

« Eh bien! la ligne de transit est tracée

par la nature; c'est d'Anvers à Cologne, pour approvisionner par le Rhin, l'immense marché de l'Allemagne. Or, c'est aussi là notre principale ligne de transit. Nous sommes dans une concurrence obligée, pour nous disputer cette terre d'Allemagne, qui, n'ayant pas de ports maritimes, est contrainte d'employer la navigation belge ou la nôtre

« Ainsi, ce transit dont vous vous préoccupez tant, dont vous faites pour les chemins de fer un motif d'urgence, c'est un tracé sur Strasbourg qu'il vous demande, et non une ligne qui joigne et favorise, au détriment de nos ports, notre concurrent.

« Si, de ce point de vue spécial, nous passons à la comparaison des relations commerciales, la ligne de Paris à Strasbourg, s'embranchant à celle de Bâle, touche la Suisse, l'Allemagne méridionale et la Prusse, trois pays avec lesquels nous faisons par an plus de 3oo millions d'affaires. Nous n'en faisons certes pas tant à beaucoup près avec la Belgique. Notez encore que la plupart des marchandises que nous expédions sur la frontière de l'est, sont de nature à prendre la

voie du chemin de fer; qu'il n'en est pas de
même, notamment, ni des houilles belges, ni
des ardoises françaises, expédiées en Belgique, et qui préféreront sûrement le transport économique des canaux.

« Notez enfin qu'une partie de votre commerce avec la Belgique se fait par mer;
votre chemin fera concurrence à ses navires.
Pour l'Allemagne, les intérêts ne seront pas
ainsi en concurrence les uns contre les
autres, car tout s'expédie par la frontière de
terre. »

M. Berryer, cet admirable orateur, s'exprimait ainsi sur cette importante ligne :

« La question du transit des marchandises
est une question d'autant plus importante
que notre frontière du Nord, la Belgique,
fait à ses frais un chemin de fer, d'où il ré-
sultera pour elle, n'étant pas liée avec des
compagnies, la faculté de baisser à son gré
les frais de péage et de transport sur le chemin de fer, ce qui déterminera un mouvement extraordinaire de marchandises. La
Belgique pourra, par son magnifique port
d'Anvers, faire le transport des marchan-

dises jusqu'au cœur de l'Allemagne. C'est pour cela qu'avant tout, c'est le chemin de fer du Hâvre à Strasbourg qui doit fixer votre attention. On a mis en parallèle, ou plutôt on a voulu présenter avec quelque prédilection le chemin de fer de Belgique, qui, vous a-t-on dit, unirait Londres à Paris. Messieurs, prenez-y garde; cette raison suffirait pour faire rejeter, cette année, le vote de ce chemin; car Anvers serait le débouché des arrivages de Londres. Ce ne serait pas le Hâvre, ce ne serait pas Dieppe, ce ne serait pas Calais, ce serait Anvers qui absorberait tout ce mouvement, pour apporter à Paris, par le chemin de fer de la Belgique, tout ce qu'il plairait aux Anglais de nous procurer. La ligne du Hâvre à Strasbourg doit donc être la première ligne à faire, parce qu'elle assure notre transit; la différer, c'est ruiner tous les ports de la Manche; cela n'est pas possible, on ne fera pas passer de telles mesures dans une chambre française. »

L'orateur termina sa réplique au ministre des travaux publics par les paroles suivantes :

« Le vrai chemin national, qui doit mettre les différentes portions du territoire en re-

lation avec la capitale, le chemin du Hâvre à
Paris et de Paris à Strasbourg, on n'en parle
même pas, et nous avons une telle négligence
de ce qui peut répandre l'ordre au sein du
pays, étendre la puissance de la capitale à
toutes les extrémités, comme le chemin de
fer du Hâvre à Strasbourg, qu'avant quel-
ques années Strasbourg sera plus près de
Berlin que de Paris. »

M. Jaubert, à son tour, s'exprimait ainsi :
« Les grandes lignes de chemin de fer doivent se ranger dans la catégorie des travaux
publics nécessaires, dont l'État est débiteur
envers la société tout entière... La ligne de
Strasbourg au Hâvre est peut-être la plus
importante de toutes; c'est par cette ligne
que la France est appelée à recueillir le bé-
néfice du transit avec l'Allemagne, et l'on
doit se hâter de devancer la Belgique, dans
ses vues d'établir ce même transit entre Cologne et Ostende. »

M. le général d'artillerie Paixhans ajou-
tait :
« Ce qui est d'un intérêt général, en de-

hors des entreprises particulières, ce sont
les lignes de Paris sur le Hâvre, sur l'Angleterre et sur la Belgique, sur Strasbourg, sur
Marseille et sur Bordeaux... Des chemins de
fer de frontière à frontière auront des résultats de l'ordre le plus élevé... La Belgique
aura fini ses chemins de fer avant que nous
ayons terminé les nôtres, ajoutons peut-être
avant que nous les ayons commencés ; le
transit entre l'Angleterre, la mer et l'Allemagne, va prendre des habitudes hors de
France ; l'Allemagne, la Prusse se dirigeront
vers la puissance qui la première leur tendra
la main, à la limite d'une communication éta-
blie sur de larges bases, et qui pourra s'é-
tendre et se ramifier ; la ligne du Hâvre à
Paris, à Strasbourg et au Danube, sera de-
vancée par une ligne tracée hors du territoire
français, et nous serons déshérités, dépouillés
d'une circulation immense qui doit un jour
être celle de l'Europe entière.

Enfin, l'illustre savant, M. Arago, rappor-
teur de la commission composée de MM. Du-
vergier de Hauranne, Jaubert, Berryer, de
Rémusat, Odilon-Barrot, Thiers et Billault,

comparant le chemin de fer de Strasbourg à celui de la Belgique, disait :

« Si c'est dans un intérêt national, Strasbourg doit appeler votre attention tout aussi bien que la frontière de Belgique. Dans la question du chemin de fer de Strasbourg, il y a des questions de transit, des questions stratégiques, des questions nationales, tout aussi importantes que les considérations que vous pouvez semer sur la route de Belgique.»

Ainsi, comme on le voit, toutes les hautes capacités de la chambre des députés confirment ou sanctionnent par leurs belles paroles les résultats arides de notre travail purement technique.

CHEMIN DE FER

DE

PARIS A STRASBOURG

PAR LA VALLÉE DE LA MARNE.

-------•◦◦◦•-------

Parallèle entre les divers tracés possibles de Paris à Strasbourg.

Premier tracé de Paris à Strasbourg par la ligne de Paris à Meaux : à partir de Meaux jusqu'à Strasbourg, passant par la vallée de la Marne, touchant La Ferté-sous-Jouarre, Château-Thierry, Dormans, Épernay, Châlons, Vitry-le-Français, Bar-le-Duc, Toul, Nancy, suivant la vallée de la Sarre, touchant Sarrebourg, suivant la vallée de la Zorn, passant par Vülzelbourg, Saverne, Wuttenheim. Son développement est de 191,000 m. de Paris à

Vitry-le-Français, et de 269,000 m. de Vitry à Strasbourg; ensemble de 460,000 m. : pente maximum 5 millim. La hauteur des points principaux au-dessus du niveau de la mer est, à Paris de 39 m., à Vitry-le-Français de 105 m. ; différence 66 m., qui, réduits en distance horizontale, donnent 13,200 m. : ensemble pour la distance totale 473,200 m.

Avant de donner la description du second tracé, je dois faire remarquer que tous les tracés ne diffèrent entre eux que depuis Paris jusqu'à Vitry-le-Français, et qu'en conséquence, pour déterminer les avantages de chacun d'eux, il est inutile d'ajouter au développement total la distance horizontale résultant des différences de hauteur entre Vitry-le-Français et Strasbourg.

Deuxième tracé de Paris à Strasbourg par Vitry-sur-Seine, Créteil, Roisly, Laboissière, Amillis, Beton, Barroches, Courtazon, Champ–Couelle et Bouché-le-Repos, la vallée du Grand-Morin-Sézanne, Fère-Champenoise et Vitry-le-Français. Le développement de cette première partie est de 191,558 m., de Vitry à Strasbourg comme le précédent tracé. Développement total 460,558 m.

Ce tracé est de même longueur que le premier; mais il ne parcourt que des campagnes désertes, et il a l'inconvénient d'être on ne peut plus défectueux sous le rapport vertical, comparé au tracé

par la vallée de la Marne; car il oblige à franchir
deux faîtes principaux dont l'un est élevé de
194 m. au-dessus du niveau de la mer, et l'autre de
214 m., ensemble 408 m. Il faut en déduire deux
fois la hauteur du sol de Paris, qui est de 39 m.,
il reste 330 m., qui donnent en distance horizontale 66,000 m., et pour la distance totale entre
Paris et Strasbourg 526,558 m. Il est donc, en dé-
finitive, plus long que le premier de 66,558 m.

L'administration des ponts et chaussées a fait
étudier sept autres variantes entre Paris et Vitry,
dont quelques-unes ont pu être utiles comme
termes de comparaison avec les deux premiers
tracés; mais la nécessité des autres ne peut être en
aucune manière justifiée.

L'administration présentait cependant l'une de
ces combinaisons comme ayant pour but de n'établir qu'une seule et même ligne entre Paris et
Arcis-sur-Aube, qui aurait été commune, dans
certaines éventualités parlementaires, aux deux
grandes lignes de Paris à Strasbourg et de Paris à
Lyon. Les principes de l'art, de l'économie politique, et la justice distributive s'opposent à de
pareilles combinaisons.

Un ingénieur de quelque mérite ne pourra jamais se décider à proposer de semblables projets
que par ordre officiel. Il faut donc considérer cette
dernière ligne, ainsi que les six autres, comme étant

en opposition directe avec les intérêts des villes de Méaux, de La Ferté-sous-Jouarre, de Château-Thierry, d'Épernay, de Châlons, de Vitry-le-Français, de Bar-le-Duc, de Nancy, etc., et comme ayant été imaginée pour faire la triple fortune des villes de Corbeil, Melun, Montereau, Arcis-sur-Aube, qui ont la certitude d'avoir la ligne de Paris à Marseille et qui sont dotées de la première voie navigable de France, la Seine.

Cette ligne aurait en outre l'inconvénient de présenter un parcours de 520 kilom. auxquels il faudrait ajouter la hauteur du faîte qui sépare l'Aube de la Marne, et qui est de 214 m., répondant à une distance horizontale de 42,800 m., ensemble 562,800 m. Il est donc plus long en réalité que le premier tracé de 89,800 m.

Voici néanmoins un dernier tracé que je suis obligé de faire connaître : c'est celui qui sera adopté de Paris à Dijon, que l'on propose de prolonger jusqu'à Mulhouse par Saint-Jean-de-Losne et Besançon. Il deviendrait en ce cas la seule ligne de Paris à Strasbourg. Ce tracé par Dijon aurait 674 kilom.; mais comme les hauteurs à franchir sont de 412 m. plus élevées que celles du tracé par Meaux et Nancy, et que leur réduction en distance horizontale est de 82,400 m., le parcours réel est de 756,400 m.; il serait donc de 276,480 m. plus long que le tracé par Nancy, c'est-à-dire de

276 kilom.; c'est beaucoup plus qu'une augmentation de moitié de parcours, de temps et d'argent.

Maintenant, si l'on compare la distance du Hâvre à Strasbourg, qui est de 688 kilom., à celle d'Anvers à Kehl, qui n'est que de 680, il y a là déjà de quoi s'alarmer pour la conservation du transit; à plus forte raison si l'on adoptait le tracé par Dijon, car la différence ne serait plus de 8 kil., mais bien de 280 kil., et alors, bien certainement, le transit des marchandises venant du Hâvre serait nul. Cette ligne est tellement défectueuse sous ce rapport, que le transit sur Bâle aurait encore 144 kil. de plus à faire qu'en passant par Strasbourg.

Indépendamment de ces diverses lignes, il en est encore une autre que le gouvernement vient de faire étudier tout récemment sur la demande du ministre de la guerre. Cette ligne s'embrancherait à Creil, à 48 kil. de Paris, sur la ligne de Paris à la Belgique. Elle remonterait l'Oise et l'Aisne, en passant par les villes de Pont-Sainte-Maxence, Compiègne, Soissons, Réthel, Sédan, Verdun, Metz (par un court embranchement), Nancy et Strasbourg. Mais quels que soient les avantages de cette direction sous le rapport stratégique et même sous les rapports agricole, commercial et manufacturier, il n'est pas possible

d'admettre que l'on puisse obliger les populations
de l'Alsace et de l'Allemagne à parcourir un chemin qui ne serait pas, il est vrai, aussi long que
celui passant par Dijon, mais qui aurait encore
un parcours qui présenterait 8o kil. environ de
plus que la ligne directe remontant la vallée de
la Marne. Je n'en parle ici que pour mémoire,
bien persuadé que le tracé par la vallée de la
Marne est le seul rationnel, et celui qui aura dans
les chambres le plus grand nombre de partisans.

Examen sous le rapport stratégique.

On a peine à comprendre que des hommes de
mérite aient pu s'opposer à l'exécution de la ligne
de Paris à Strasbourg, par Châlons et Nancy,
sous le prétexte que cette ligne était moins stratégique que celle passant par Montereau et Dijon.
Ce qui importe le plus est d'être à même d'occu-
per un point central qui permette de porter, par
le plus court chemin et le plus rapidement possible, des forces sur tous les points menacés ou
attaqués par l'ennemi, de manière à pouvoir
fondre sur lui pour ainsi dire à l'improviste.

Eh bien ! je suppose que l'ennemi, c'est-à-dire
les Prussiens, la Confédération germanique, les
Autrichiens, menacent d'entrer en France par
notre frontière comprise entre Thionville, Strasbourg et Bâle, n'est-ce pas la ligne de Paris à
Strasbourg par Châlons et Nancy qui est la plus
stratégique? N'est-elle pas la plus droite, et plus
courte de 280 kil. que celle qu'on lui oppose par
Dijon? En outre, elle touche Château-Thierry et
Châlons qui sont situées sur la Marne, et que tous
les hommes de guerre, ainsi que le gouvernement,

sont d'avis de faire fortifier. Elle touche encore la place de guerre de Vitry-le-Français, et par son embranchement du nord, celles de Metz, de Thionville, qui sont toutes deux d'une très-grande importance.

Cette ligne conduit dans la vallée de la Sarre, porte ouverte aux Prussiens qu'il faut garder avec soin. Son embranchement du sud-est, soit de Bar-le-Duc soit de Nancy à Bâle, par Neufchâteau, Épinal, Remiremont, Saint-Maurice et Massevaux (cette dernière ville se trouve retranchée derrière les montagnes des Vosges), permet de porter des forces sur Bâle, sur Thionville et la ligne principale sur Strasbourg, avantage que ne peut en aucune façon présenter la ligne de Dijon.

En effet, par l'embranchement de Thionville, nos armées peuvent pénétrer au cœur des duchés de Luxembourg et du Rhin, chemin qui conduit à la fois à Mayence, à Francfort, et, par Coblentz et la Westphalie, à Berlin. Par la ligne principale, nos armées peuvent également se porter sur Mayence par la vallée de la Sarre, et de Strasbourg sur Wurtzbourg, Weymar, Leipzig, Wittemberg et Berlin.

De Strasbourg sur Stuttgardt, Augsbourg, Ratisbonne et Dresde, ou à Munich et à Vienne.

De Strasbourg sur Tubingen, Ulm, Munich et Vienne, et par l'embranchement de Nancy par

Épinal et Remiremont sur Bâle, nos armées peuvent se porter sur Schaffouse, le lac de Constance, Kempien, Lausberg, Munich et Vienne.

Comme on le voit, cette ligne est un véritable trident dont chacun des dards permet de frapper nos ennemis au cœur de leurs états et de leur puissance. Elle nous donne l'avantage de les arrêter ou de les combattre, en cas d'invasion sur notre frontière la plus reculée au nord, et à l'est.

Examen sous les rapports agricole, commercial et industriel.

Il ne sera pas difficile de justifier la création de l'important chemin de fer de Paris à Strasbourg sous le triple rapport de l'agriculture, du commerce et de l'industrie; il suffira de présenter le relevé officiel des populations que doit desservir cette grande ligne, en y joignant les relevés des produits de toute espèce que présentent si abondamment ces riches contrées, dont les forêts, les minières, les charbonnages, les forges, les fabriques de tout genre et l'agriculture sont des sources inépuisables de richesses.

Ce qui rend surtout ces contrées d'autant plus favorables à l'exploitation d'un chemin de fer, c'est que presque tous les départements qui en font partie ont besoin d'emprunter certains produits dont ils manquent et d'exporter ceux dont ils ont une si grande abondance. Ceci est complétement démontré par les tableaux partiels que je donne ci-après pour chaque département et dont j'ai puisé les éléments à des sources officielles. Ces tableaux font connaître que les mouvements de localité à localité sont si considérables qu'il n'existe pas en France une ligne qui puisse être comparée, sous ce rapport, à celle de Paris à Strasbourg. Dans l'état actuel d'imperfection des voies de communication, le roulage, entre Paris et Strasbourg, ne s'élève pas à moins de 100,000 tonnes, à part le roulage de localité à localité qui monte à plus du double:

Quant aux voyageurs, Strasbourg, Metz, Nancy, Épinal, Remiremont, Bar-le-Duc, Vitry-le-Français, Châlons, Épernay, Château-Thierry, Meaux et beaucoup d'autres villes et localités qui ont un immense rapport d'affaires soit avec Paris, soit avec Strasbourg, soit avec des points intermédiaires, en produiront des quantités considérables.

Enfin cette ligne intéresse les quinze départements suivants : *Seine, Seine-et-Oise, Seine-et-Marne, Aisne, Ardennes, Marne, Aube, Haute-Marne, Meuse, Moselle, Meurthe, Vosges, Haute-Saône, Haut-Rhin* et *Bas-Rhin*, qui présentent une population de 6,292,900 habitants, dont 1,814,000 habitent 212 villes. Leur revenu territorial est de 320 millions; c'est à peu près le double de celui du royaume de Belgique.

Maintenant, pour bien faire comprendre que ces 15 départements sont réellement intéressés à la création du chemin de fer, je dois rendre compte des motifs qui m'ont déterminé à les porter dans la zône qui doit plus ou moins profiter des avantages que présente la ligne de Paris à Strasbourg.

Depuis la mise en circulation du chemin de fer de Paris à Orléans, l'expérience a démontré que les habitants des villes et dès villages qui sont situés à 96 ou 100 kilomètres de Paris et qui n'avaient que la moitié de cette distance à parcourir pour venir prendre le chemin de fer (soit 48 kilomètres), donnaient la préférence à cette nouvelle voie. Ainsi, par exemple, la route de Paris à Chartres (96 kilomètres) forme avec le chemin de fer d'Orléans un angle dont l'amplitude est de 40°; de Chartres à Angerville, qui est situé sur le chemin de fer d'Orléans, la distance est de 48 kilomètres, et c'est par cette direction que les voyageurs se rendent à Paris.

Il est donc bien certain que tous les habitants des villes et des villages compris dans l'amplitude d'un angle de 80° divisées en deux parties égales par la ligne directe de Paris à Strasbourg, toutes les fois qu'ils voudront se rendre à Paris, viendront joindre le chemin de fer sur un point qui sera éloigné de leur demeure d'une distance égale à la moitié de celle de leur pays à Paris. C'est cette démonstration pratique qui m'a déterminé à porter au nombre des populations intéressées à l'exécution du chemin de fer de Paris à Strasbourg, toutes celles des départements ci-dessus nommés.

Mouvement de Strasbourg sur Paris et les villes intermédiaires.

Les populations des états de l'Allemagne qui sont susceptibles de venir prendre le chemin de fer pour se rendre à Paris, en Espagne et en Amérique, s'élèvent à plus de 3o millions, et il semble qu'on a voulu faciliter cette communication entre l'Allemagne et la France puisque tous les chemins en cours d'exécution dans la Confédération germanique, viennent converger sur Strasbourg.

Dans l'état actuel des voies de communication et des moyens de transport, il n'est pas possible de déterminer exactement le nombre très-consirable de voyageurs qui de Strasbourg se rendent dans le cœur de la France ; cependant, d'après des calculs qui ont été faits avec soin par les autorités des villes de Mulhouse et de Strasbourg, ce nombre dépasserait 2oo,ooo par année, tant pour l'aller que pour le retour. Je suis d'autant plus porté à admettre ces calculs qu'ils ne sont pas exagérés, et que l'expérience a d'ailleurs démontré que pour les chemins de fer déjà exécutés en France les résultats ont donné des produits doubles, triples et quadruples de ceux auxquels on devait s'attendre d'après les évaluations des ingénieurs. Ainsi, on avait porté le nombre des voyageurs entre Paris et Versailles à 800,000 et il s'élève à plus de 3 millions; celui de Saint-Germain à 250,000 et il s'élève à 1,200,000; celui de Rouen à 200,000 et il dépasse 780,000; celui de Bâle à Strasbourg à 100,000 et il atteint le nombre presque incroyable de 700,000. On peut donc admettre hardiment que le nombre des voyageurs allant et venant de Paris à Strasbourg dépassera 200,000. Ce chiffre n'a rien de surprenant quand on considère que Strabourg est le point de départ des populations des départements de la Haute-Saône, du Haut-Rhin et du Bas-Rhin qui s'élèvent ensemble à 1,352,176 habitans.

Afin d'éviter tout mécompte, je ne porterai pour les voyageurs de ces trois deépartments que :

1° 250 voyageurs par jour ou 91,250 par an partant de Strasbourg et allant à Paris. Distance 460 kilom.; au prix moyen de 7 c. par personne et par kilom., prix du voyage 32 fr. 20 cent., ci. 2,938,250

Retour, même nombre, ci . . . 2,938,250

2° 300 voyageurs par jour ou

A reporter. . 5,876,500

Report. .	5,876,500

109,500 par an pour Châlons, Vitry-le-Français, Rheims, Troyes, Chaumont, Bar-le-Duc, Nancy, Metz, Épinal, etc. Distance moyenne 150 kil.; prix du voyage 10 fr. 50 cent., ci . . 1,149,750

Retour, même nombre, ci . . . 1,149,750

3° Marchandises provenant du Bas-Rhin et des environs et marchant sur Paris. Elles sont évaluées par toutes les autorités à 50,000 tonnes; à 18 c. par tonne et par kilom. (prix de la moyenne classe) pour la distance entière, 82 fr. 80 cent. par tonne, ci . . 4,140,000

Retour, même nombre (le transit est compté pour 32,000 t.), ci . . . 4,140,000

4° Marchandises provenant du Haut-Rhin marchant sur Paris et les villes intermédiaires, 20,000 tonnes partant de Strasbourg. Distance moyenne 230 kilom.; prix de la tonne pour la distance entière, 41 fr. 40 c., ci 828,000

Retour, même nombre, ci 828,000

5° 150 voyageurs par jour ou 54,750 par an, partant de Nancy et

---

A reporter. . 18,112,000

Report. . 18,112,000

provenant des départements des Vosges, de la Moselle et de la Meurthe,
dont la population s'élève à 1,262,650
habitants. Distance 334 kilom.; prix
du voyage 23 fr. 38 cent., ci.   1,280,055

     Retour, même nombre, ci. . . .   1,280,055

     6° 150 voyageurs par jour ou
54,750 par an de Nancy à Strasbourg
et aux villes intermédiaires, 126 kil.
Distance moyenne 63 kilom.; prix du
voyage 4 fr. 31 c., ci.   175,972

     Retour, même nombre, ci. . . .   175,972

     7° Marchandises allant de Nancy à
Strasbourg et aux villes intermédiaires, 20,000 t. 63 kilom. à 18 c. ou
11 fr. 34 c. la tonne, ci.   226,800

     Retour, même nombre. ci. . .   226,800

     8° Marchandises. Le département
des Vosges importe 20,000 t. et il
exporte 17,000 t., sans compter
100,000 t. de bois qu'il peut exporter.
Celui de la Moselle importe 30,000 t.
et il en exporte 83,000, sans compter
50,000 t. de bois. Celui de la Meurthe
importe 40,000 t. et il exporte

           A reporter. . 21,477,654

Report.　.　21,477,654

49,000 t., sans compter également 50,000 t. de bois qu'il peut exporter. Ces trois départements importent ensemble 90,000 t., et ils exportent 149,000 t.; total 239,000 t. De ce chiffre je ne prendrai que 22,000 t. allant de Nancy à Paris et aux villes intermédiaires. Distance moyenne 167 kilom. à 18 c., ou 30 fr. 06 c. la tonne, ci. 661,320

Retour, même nombre, ci. . . . 661,320

9° 100 voyageurs par jour ou 36,500 par an, partant de Bar-le-Duc, point sur lequel se réuniront les voyageurs des départements de la Haute-Marne et de la Meuse, dont les populations réunies s'élèvent à 573,670 habitants. Distance jusqu'à Paris 238 kilom. Distance moyenne 119 kilom. à 7 c.; prix du voyage, 8 fr. 33 c., ci.　304,045

Retour, même nombre. 304,045

10° 100 voyageurs par jour ou 36,500 pour l'année, de Bar-le-Duc à Strasbourg et aux villes intermédiaires. Distance moyenne 111 kilom.

A reporter.　.　23,408,384

Report. . 23,408,384

Prix du voyage 7 fr. 77 c., ci. . .   283,605

   Retour, même nombre, ci.   . .   283,605

11° Marchandises. Le département de la Haute-Marne exporte 138,360 t. et il importe 38,676 t. Celui de la Meuse exporte 53,206 t. et il en importe 30,312. Ensemble, ces deux départements exportent 191,566 tonnes, et ils en importent 68,988. Total du mouvement 260,554 t., indépendamment de 80,000 t. de bois que pourrait exporter la Meuse, et de 100,000 t. que pourrait également exporter la Haute-Marne s'il leur était possible de se procurer de la houille à bon marché.

Je supposerai que 120,000 t. prendront le chemin de fer ; 60,000 t. marchant sur Paris et 60,000 t. marchant sur Strasbourg, et l'on aura :

30,000 t. de Bar-le-Duc à Paris et aux villes intermédiaires. Distance moyenne 119 kilom. à 21 fr. 42 c. par tonne, ci.   642,600

   Retour, même nombre, ci.   . .   642,600

A reporter. . 25,260,794

Report. . 25,260,794

30,000 t. de Bar-le-Duc à Strasbourg et aux villes intermédiaires.
Distance moyenne 111 kilom. à 19 fr.
98 c. par tonne, ci.   599,400
   Retour, même nombre, ci.   599,400

12° 100 voyageurs par jour ou
36,500 par an, partant de Châlons et
provenant, en partie, des départements de la Marne, de l'Aube et des
Ardennes, dont les populations s'élèvent à 902,876 habitants. Distance
moyenne 82 kilom. Prix du voyage
5 fr. 74 c., ci.   209,510
   Retour, même nombre, ci. . .   209,510

13° 100 voyageurs par jour ou
36,500 par an de Châlons à Strasbourg et aux villes intermédiaires.
Distance moyenne 148 kilom. Prix du
voyage, 10 fr. 36 c., ci.   378,140
   Retour, même nombre, ci. . . .   378,140

14° Marchandises. Le département
de la Marne exporte sur Paris (c'est
un fait bien constaté) 184,177 t. Les
importations ne sont point constatées.
Celui des Ardennes exporte 81,275 t.

                  —————

A reporter. . 27,634,894

Report.   . 27,634,894

et il importe 46,719 t. Celui de l'Aube exporte 68,960 t. et il importe 40,464 ton. Les bois de l'Aube et des Ardennes ne figurent pas dans ces tonnages. Les trois départements donnent ensemble pour les exportations 334,412 t., et pour les importations 87,183 t. Total du mouvement, 421,595 tonnes. De ce nombre, je suppose que 50,000 t. seulement iront à Paris, et l'on aura :

50,000 tonnes de Châlons à Paris. Distance 164 kilom. à 29 fr. 52 c. par tonne pour la distance, ci. . . .   1,476,000

10,000 tonnes de Paris à Châlons et ses environs, produisent le 1/5, ci. .   295,200

15° 200 voyageurs par jour ou 73,000 par an d'Épernay à Paris et sur les points intermédiaires. C'est à Épernay que se réuniront, en grande partie, les voyageurs provenant de la Marne, de l'Aube et des Ardennes, et principalement ceux des arrondissements de Rheims, 125,000 âmes; de Troyes, 88,000 âmes; d'Arcis-sur-Aube, 35,000 âmes; et de tous les

A reporter.   . 29,406,094

Report. . 29,406,094

points du département des Ardennes,
290,000 âmes. Ensemble 538,000
âmes. Distance moyenne 66 kilom.
Prix du voyage, 4 fr. 62 c., ci . . . 337,260

Retour, même nombre, ci . . . 337,260

100 voyageurs par jour ou 36,500
par an, d'Épernay à Strasbourg et
aux villes intermédiaires. Distance
moyenne, 165 kil. Pour le voyage,
11 fr. 55 c., ci 421,575

Retour, même nombre, ci . . . 421,575

Marchandises :

10,000 tonnes de vin de Champagne, d'Épernay à Paris. Distance,
131 kil., au prix de 23 fr. 58 c. la
tonne, ci 235,800

10,000 tonnes de vin de Champagne, d'Epernay à Strasbourg et
aux villes intermédiaires. Distance
moyenne, 165 k., au prix de 29 f. 70 c.
la tonne, ci 297,000

16° 400 voyageurs par jour ou
146,000 par an, de Château-Thierry
à Paris et aux points intermédiaires.
C'est sur cette ville, d'ailleurs l'une

A reporter. . 31,456,564

Report. . 31,456,564

des plus commerçantes des environs de Paris, que se réuniront les voyageurs du département de l'Aisne, dont la population est de 513,000 habitants ; celle de l'arrondissement de Nogent-sur-Aube, 32,000 habitants ; ensemble, 545,000 habitants. Distance, 88 kil. Distance moyenne, 44 kil. Prix du voyage, 3 fr. 08 c., ci.   249,680

Retour, même nombre, ci. . .   249,680

17° Marchandises. Château-Thierry est l'un des marchés à grains les plus importants des environs de Paris : c'est sur ce marché que se vendent, en grande partie, les céréales du département de l'Aisne, dont l'exportation pour ce genre de produits s'élève à 130,000 tonnes. Ce département exporte en totalité de ses divers produits 148,130 tonnes, et il en importe 23,501. Château-Thierry fait partie du pays qu'on appelle la Brie, et cette contrée fournit tous les ans 40,000 tonnes de farine à la ville de Paris : on évalue la part du marché de Château-Thierry à 20,000 tonnes.

A reporter. . 31,955,924

Report.   . 31,955,924

20,000 tonnes de Château-Thierry
à Paris. Distance 88 kilom. au prix de
15 fr. 84 cent. la tonne pour toute la
distance, ci.   316,800

   Retour, 5,000 tonnes au même
prix, ci   79,200

   18° 2,000 voyageurs par jour ou
730,000 par an de Meaux à Paris et
les points intermédiaires. Le mouvement actuel des voyageurs entre ces
deux villes est de plus de 1,400; il est
donc permis d'espérer que par la création du chemin de fer il sera porté au
moins à 4,000, tant pour l'aller que
pour le retour. Distance totale 43 kil.
Distance moyenne 22 kilom. Prix du
voyage, 1 fr. 54 cent.; ci   1,124,200
   Retour, même nombre, ci   1,124,200

   19° Marchandises. Il arrive à
Meaux, tant par le roulage que par
les diligences et par les voies navi-
gables, la Marne et le canal de l'Ourcq,
plus de 300,000 tonnes de marchandises diverses (suivant les états offi-
ciels), il est donc permis d'espérer,

A reporter.   . 34,600,324

Report. . 34,600,324

sans crainte d'être taxé d'exagération,
que le chemin de fer en transportera
au moins 100,000 tonnes, et l'on aura,
la distance étant de 43 kilom. à 18 c.
la tonne et pour toute la distance
7 fr. 74 cent., un produit de . . .   774,000

Total général. . 35,374,324

Dans la supposition que tous les
voyageurs et toutes les marchandises
ci-dessus indiqués prendraient la direction du chemin de fer, les produits
seraient bien de 35,374,324 fr. Mais
la prudence et les habitudes établies
par le temps ne permettent de compter que sur la moitié de ces mouvements, ce qui réduira les produits à. 17,687,162

DEVIS.

Évaluation des dépenses pour l'établissement de la voie en fer.

MONTANT
DES DÉPENSES.

D'après le projet de bail d'exploitation du chemin de fer de Paris à la Belgique (ce projet sera, dit-on, adopté par toutes les autres lignes), la compagnie était tenue d'exécuter et de fournir les objets suivants, dont il est nécessaire de déterminer les prix de revient en ce qui concerne le chemin de Paris à Strasbourg, savoir :

Art. 1er. Pour 460,000 mètres de distance à parcourir, de Paris à Strasbourg, ce qui exige un développement de 1,840,000 mèt., plus 1/20°, s'élevant à 92,000 mèt., pour les gares d'évitement et de stationnement; au total, 1,932,000 mèt. de rails, qui, à 30 kilog. par mètre, produisent 57,960,000 kilog. Au prix de 36 fr. les 100 kilog., on aura. . 20,865,600

Art. 2. 2,318,400 coussinets en fonte de deuxième fusion, pesant chacun 10 kilog., ensemble, 23,184,000 kilog., au prix de 30 fr. les 100 kilog., ci. 6,955,200

Art. 3. 2,318,400 coins en bois de chêne, à 25 cent. l'un, ci. 579,600

A reporter.   . .   28,400,400

MONTANT
DES DÉPENSES.

Report. . . . 28,400,400

Art. 4. 4,636,800 grosses vis à bois pour fixer les coussinets sur les traverses, à 25 c. l'une, ci. 1,159,200

Art. 5. 1,159,200 traverses en bois de chêne, de 2^m20 de long sur 25 centim. d'équarrissage. Cette ligne parcourant des contrées très-boisées, le prix de ces traverses ne s'élèvera pas à 5 fr., soit, 5 fr. l'une, ci. . 5,796,000

Art. 6. Une couche de sable, servant de fondation à la voie en fer (dite ballast), portant sur toute la largeur du chemin de fer, qui est de 7 mèt. et ayant 50 centim. d'épaisseur. Le cube de cette couche sera de 1,610,000 m. c., plus 1/20°, pour les gares d'évitement et de stationnement, s'élevant à 80,000 m. c., au total, à 1,690,000 m. c., à 4 fr. le mètre cube, ci. 6,760,000

Art. 7. Pose des traverses en bois, des coussinets et des rails; pour la double voie, s'élevant, y compris les gares d'évitement et de stationnement, à 483,000 mèt., à 6 fr. le mètre courant, ci. 2,898,000

Art. 8. 100 plates-formes, au prix de 1,000 fr. et 100 fr. pour la pose; pour le tout, ci. 110,000

Art. 9. 200 jeux d'aiguilles, y compris 400 croisées, au prix de 400 fr. l'un, ci. . . . 80,000

Art. 10. Clôtures et barrières. 1,430,000

A reporter. . . 46,633,600

MONTANT
DES DÉPENSES.

Report. . . . 46,633,600

MATÉRIEL D'EXPLOITATION.

Art. 11. 800 wagons pour le transport des
marchandises, au prix de 2,000 fr. l'un, ci. .   1,600,000

Art. 12. 200 voitures de 3° classe, à
3,000 fr., ci.   600,000

Art. 13. 200 voitures de 2ᵉ classe, à
4,000 fr., ci.   800,000

Art. 14. 25 voitures de 1ʳᵉ classe, à
8,000 fr., ci.   200,000

Art. 15. 120 machines locomotives avec
leurs tenders, au prix de 50,000 fr. l'une, ci.   6,000,000

Art. 16. 20 châteaux-d'eau, à 20,000 fr.,
ci.   400,000

Art. 17. Outillage et matériel nécessaires
pour la construction et la réparation des machines et voitures, etc., ci.   2,000,000

Total.   58,233,600

Frais de direction des travaux exécutés par
les ingénieurs de la compagnie et par leurs
employés, en ce qui concerne l'établissement
du ballast, la pose des rails et la construction
des châteaux-d'eau, montant ensemble à
10,058,000 fr. : calculés à raison de 5 p. 0/0,
ci.   502,900

Total général des dépenses. . . . 58,736,500
Soit, 60 millions.

RÉSUMÉ GÉNÉRAL.

Fr.

Le montant des produits présumés est de   17,687,162
A déduire :

1° Les frais annuels d'administration, de perception, d'entretien et de réparation de la voie en fer, de traction, tant pour le transport des voyageurs que pour celui des marchandises, enfin frais de toute nature, et qui sont à la charge de la compagnie, évalués à raison de 50 pour 0/0 des produits bruts, ci.   8,843,581

2° L'amortissement, en trente-six années, du capital engagé dans l'entreprise, et qui s'élève, d'après le devis, à 58,736,500 f., soit, 60 millions, à 1 p. 0/0, ci.   600,000

Total général des frais annuels qu'il faut déduire des produits présumés.   9,443,581   9,443,581

Produit net.   8,243,581

Ce qui donne un dividende de 13 fr. 74 c. p. 0/0.

En admettant encore, contre toute vraisemblance, qu'une grande partie du public sur lequel nous comptons persistât à voyager et à faire transporter ses marchandises par les anciennes voies, et que la

Fr.

moitié seulement des voyageurs et des marchandises prît le chemin de fer, les produits
seraient réduits de moitié, et ils s'élèveraient
encore à. 8,843,581

    Dont il faut toujours déduire ,

    1° Les frais annuels, calculés à raison de
50 p. 0/0 du capital, ci. . . . 4,421,790

    2° Le montant de l'amortis-
sement, qui est de. 600,000

                                5,021,790

        Produit net 3,821,791

Ce qui donne encore un dividende de 6 fr.
37 c. p. 0/0.

DÉPARTEMENT DE LA SEINE.

	EXPORT.	IMPORT.
	Tonn.	Tonn.

Population, 1,106,891 habitants.

Quantité de grains récoltée en 1832.   469,125 hectol.
Quantité nécessaire aux habitants.   3,744,323

Quantité à importer. 3,275,198
qui, à raison de 64 kilog. par hectol., donnent 209,612 t.,
ci. . . . . » 209,612

Vignes, 2,784 hectares, à raison de 34 hectol. par
hectare, donnent 94,656 hectol. Il a été constaté que la
consommation était de un hectolitre par habitant pour
l'année, ou de 1,106,891 hectol.; il est donc importé
1,012,235 hectol. ou 101,223 t., ci. . . . . » 101,223

BESTIAUX.

Races bovines, 14,856. Pour entretenir ce nombre, il
faut 1,485 élèves; le nombre des bêtes abattues dans le
département est de 223,460, ensemble 224,945, et celui
des élèves qu'on y fait n'étant que de 660, il y a en importation 224,285 bêtes qui représentent 224,285 t., ci.. . » 224,285

Bêtes à laine, 25,993. L'entretien de ce nombre exige
2,599 élèves; le nombre des bêtes qui sont abattues étant
de 498,539, ensemble 501,138, et le nombre des élèves
qu'on y fait n'étant que de 2,533, il y a à importer
498,585 bêtes, qui, à 5 pour une tonne, donnent
98,917 t., ci. . . . . » 98,917

Bois, 1,354 hectares. Valeur de l'hectare, 18,000 fr.

TOTAUX. . . . . » 634,037

TOTAL des exportations et des importations, ou mouvement général. 634,037

DÉPARTEMENT DE SEINE-ET-OISE.

	EXPORT.	IMPORT.
	Tonn.	Tonn.

Population, 449,582 habitants.

Quantité de grains récoltée en 1832. 5,295,191 hectol.
Quantité nécessaire aux habitants. 3,621,751

Reste à exporter. 1,673,440
qui, à raison de 64 kilog. par hectol., donnent 107,100 t.,
ci. . . . . **107,100** | »

Vignes, 16,711 hectares qui, à raison de 34 hectol. par hectare, donnent 560,174 hectol. La consommation annuelle de chaque habitant étant évaluée à 50 litres, ou pour tout le département à 224,791 hectol., il reste à exporter 332,383 ou 33,538 t., ci. . . . . **33,538** |

PRODUITS.

Tourbe exploitée dans le département, 24,234 t.

BESTIAUX.

Races bovines, 96,856. Pour entretenir ce nombre, il faut 9,685 élèves; les bêtes abattues dans le département s'élèvent à 53,619, ensemble à 63,304, et le nombre des élèves qu'on y fait n'étant que de 26,687, il y a à importer 36,617 têtes de bétail qui représentent 36,617 t., ci. » | **36,617**

Bêtes à laine, 751,290. L'entretien de ce nombre exige 75,129 élèves; celui des moutons abattus dans le département est de 111,530, ensemble 186,659, et les élèves qu'on y fait n'étant que de 106,658, il y a à importer 80,001 bêtes qui, à raison de 5 pour une tonne, donnent 16,000 t., ci. . . . . » | **16,000**

Bois, 77,213 hectares. Valeur de l'hectare, 984 fr.

TOTAUX. . . . . **140,638** | **52,617**

TOTAL des exportations et des importations, ou mouvement général. **193,255**

DÉPARTEMENT DE SEINE-ET-MARNE.

	EXPORT.	IMPORT.

Population, 325,881 habitants.

	Tonn.	Tonn.

Quantité de grains récoltée en 1832.   4,414,660 hectol.
Quantité nécessaire aux habitants.   2,974,307

Reste à exporter. . . .   1,440,353
qui, à raison de 64 kilog. par hectol., donnent 92,182 t., ci.   **92,182**   »

Vignes, 18,972 hectares, qui, à raison de 34 hectol. par hectare, donnent 645.048 hectol. La consommation annuelle par habitant étant évaluée à 50 litres ou à 162,940 hectol., il reste à exporter 482,108 hectol. ou 48,210 t., ci. . . . .   **48,210**   »

PRODUITS.

Tourbe exploitée dans le département.	7,706 t.
Carrières de pierres à bâtir.	33,400
Argile commune.	315,000
Briques, tuiles et carreaux.	73,790
Chaux fabriquée.	15,000
Plâtre fabriqué.	147,600
Produits chimiques.	1,006

BESTIAUX.

Races bovines, 18,760. Pour l'entretien de ce nombre, il faut 1,876 élèves; le nombre de bestiaux qu'on abat dans le département est de 184,000, ensemble 185,876 bêtes; et le nombre des élèves qu'on y fait n'étant que de 540, il y a à importer 185,336 bêtes qui représentent 185,336 t, ci. . . . .   »   **185,336**

Bêtes à laine, 321,602. Pour entretenir ce nombre, il faut 32,160 élèves; le nombre de bêtes qui sont abattues dans le département est de 291,000, ensemble 323,160; le nombre des élèves qu'on y fait n'étant que de 3,080, il reste à importer 320,080 bêtes qui, à 5 pour une tonne, donnent 64,016 t., ci. . . . .   »   **64,016**

Nota. La différence qui existe entre les départements de Seine-et-Oise et de Seine-et-Marne, sous le rapport de la consommation des bestiaux et des bêtes à laine, est très-grande, mais elle s'explique par le commerce de viande de boucherie que fait Seine-et-Marne sur les marchés de Paris. On compte que plus de 137,000 bœufs, vaches et veaux, ainsi que 207 352 moutons, y sont ainsi vendus. C'est là la cause de la différence entre la consommation de ces deux départements, qui sont également riches.

Bois, 79,862 hectares. Valeur de l'hectare, 1,772 fr.

TOTAUX.	**140,392**	**249,353**

TOTAL des exportations et des importations, ou mouvement général. **389,744**

DÉPARTEMENT DE L'AISNE.

	EXPORT.	IMPORT.
	Tonn.	Tonn.

Population, 527,095 habitants.

Quantité de grains récoltée en 1832. 7,184,200 hectol.
Quantité nécessaire aux habitants. 5,145,000

Reste à exporter. . . 2,039,200
qui à raison de 64 kilog. par hectolitre, donnent 130,508 t. ci. . . . . **130,508** | **»**

Vignes, 9,876 hectares, qui à raison de 34 hectolitres par hectare, donnent 308,584 hectol. La consommation annuelle de chaque habitant étant évaluée à 50 litres ou à 263,547 hectol. pour le département, il reste à exporter 45,037 hectolitres ou 4,503 t. ci. . . . . . **4,503** | **»**

4 usines à fer qui sont mues par 4 machines de la force de 80 chevaux.

PRODUITS.

Fonte brute.	703 t.
Gros fer.	518
Alun.	2,180
Magmas.	500
Sulfate de fer.	1,964
Tourbe exploitée dans le département.	15.741
Carrières de pierres à bâtir. . . .	20,880
Argile fine.	48,000
Argile commune.	133,500
Briques, tuiles et carreaux. . . .	100,750
Chaux fabriquée	20,000
Produits chimiques.	2,400

BESTIAUX.

Races bovines, 118,510. Pour entretenir ce nombre il faut 11,851 élèves ; on abat dans le département 47,650 bêtes, ensemble, 59,501 ; le nombre des élèves qu'on y fait n'étant que de 36,000, il reste à importer 23,501 bêtes qui représentent 23,501 t., ci. . . . . . . | » | **23,501**

Bêtes à laine, 780,010. L'entretien de ce nombre exige 78,001 élèves ; celui des bêtes abattues dans le département est de 60,400, ensemble 138,401, et le nombre des élèves qu'on y fait étant de 204,000, il y a à exporter 65,599 bêtes qui, à 5 pour une tonne, donnent 13,119 t., ci. . . . . **13,119** | »

Bois, 96,287 hectares. — Valeur de l'hectare, 1,367 fr.

TOTAUX. . . . . . **148,130** | **23,501**

TOTAL des exportations et des importations ou mouvement général. **171,631**

DÉPARTEMENT DES ARDENNES.

Population, 306,861 habitants.

	EXPORT.	IMPORT.
	Tonn.	Tonn.

Quantité de grains récoltée en 1832. 2,633,575 hectol.
Quantité nécessaire aux habitants. 2,151,329

Reste à exporter. . 482,246
qui, à raison de 64 kilog. par hectolitre, donnent 30,863 t., ci. . . . . → 30,863 | »

Vignes, 1,725 hect., qui à raison de 34 hectolitres par hectare, donnent 58,650 hectol. La consommation par habitant étant de 50 litres ou de 153,430 hectol., il y a à importer 94,780 hectol., ou 9,478 t., ci. . . . . . → « | 9,478

40 usines à fer mues par 206 machines de la force de 1,138 chevaux.

PRODUITS.

Fonte brute importée.	16,727 t.
Fonte.	18,065
Gros fer.	12,695
Carrières de pierres à bâtir. . . .	23,912
Briques, tuiles et carreaux. . . .	36,325
Chaux fabriquée.	7,333
Houille importée.	8,061

BESTIAUX.

Races bovines, 92,261. Pour entretenir ce nombre il faut 9,926 élèves ; les bestiaux abattus dans le département sont de 41,381, ensemble 51,307, et le nombre des élèves qu'on y fait n'étant que de 22,127, il y a à importer 29,180 bêtes qui réprésentent 29,180 t., ci. . . → » | 29,180

Bêtes à laine, 236,995. Pour l'entretien de ce nombre il faut 23,699 élèves ; il est abattu dans le département 45,521 bêtes, ensemble 69,220, et le nombre des élèves qu'on y fait étant de 83,877, il y a à exporter 14,657 bêtes qui, à 5 pour une tonne, donnent 2,931 t., ci. . → » | 2,931

Bois, 95,460 hectares. — Valeur de l'hectare, 937 fr.

Ce département pourrait en exporter 100,000 tonnes.

TOTAUX. . . . . → 30,863 | 41,589

TOTAL des exportations et des importations, ou mouvement général. . . . . → 72,452

DÉPARTEMENT DE LA MARNE.

	EXPORT. Tonn.	IMPORT. Tonn.

Population, 345,245 habitants.

Quantité de grains récoltée en 1832. 4,539,000 hectol.
Quantité nécessaire aux habitants. 3,685,012

Reste à exporter. . . 853,988
qui, à raison de 64 kil. par hectolitre, donnent. . . — **54,655** | »
Vignes, 18,495 hectares, à raison de 34 hectolitres par hectare, donnent. . . . . 628,830 hectol.
La consommation est estimée à 50 litres par habitant ou à. 172,622

Il reste donc à exporter. . . 456,209 ou — **45,620** | »
2 usines à fer mues par 3 machines de la force de 14 chevaux.

PRODUITS.

Fonte. . . . . 1,148 t.
Tourbe, exploitation du pays. . . . 2,576
Carrières de pierres à bâtir. 24.694
Argile commune. 51,750
Briques, tuiles et carreaux. 26,000
Chaux fabriquée. 2,820

BESTIAUX.

Races bovines, 119,905. Pour entretenir ce nombre, il faut 11,990 élèves; celui qu'on abat dans le département étant de 37,160, ensemble 49,150, et le nombre des élèves qu'on y fait étant de 55,407, il reste à exporter 6,257 bêtes qui représentent 6,257 t., ci. . . . . . — **6,257** | »

Bêtes à laine, 507,585. Pour entretenir ce nombre il faut 50,758 élèves; celui qu'on abat étant de 83,725, ensemble 134,483, et le nombre des élèves n'étant que de 121,124, il y a à importer 13,359 bêtes qui, à 5 pour une tonne, donnent. . . . . — » | **2,659**

Bois, 78,905 hectares. — Valeur de l'hectare, 1,365 fr.
Exportation. — Bois à brûler. . . . 22,701 t.
— Bois à ouvrer. 34,944

TOTAL des bois réellement exportés. . . 57,645 ci. — **57,645** | »

TOTAUX. . . . . — **164,177** | **2,659**

TOTAL des exportations et des importations, ou mouvement général. . . . . — **166,836**

DÉPARTEMENT DE L'AUBE.

Population, 253,870 habitants.

		EXPORT.	IMPORT.
		Tonn.	Tonn.

Quantité de grains récoltée en 1832. 2,244,873 hectol.
Quantité nécessaire aux habitants. 2,186,005

Reste à exporter. . . . 58,868
qui, à raison de 64 kilog. par hectol. donnent 3,767 t. ci. — **3,767** | »

Vignes, 22.908 hectares, à raison de 34 hectol. par hectare, donnent 778,872 hectol. La consommation annuelle d'un habitant étant évaluée à 50 litres ou à 126,935 pour le département, il y a à exporter 651,937 hectolitres ou 65,193 t. ci. . . . : . . . . — **65,193** | »

2 usines à fer qui sont mues par 9 machines de la force de 66 chevaux.

PRODUITS.

Gros fer. . . . . 748 t.
Tourbe exploitée dans le département, 7,280
Carrières de pierres à bâtir. . . . 25,040
Argile commune 17,530
Briques, tuiles, carreaux. 13,615
Chaux fabriquée. 2,480

BESTIAUX.

Races bovines, 50,437. L'entretien de ce nombre exige 5,043 élèves; on abat dans le département 41,948 bêtes; ensemble 46,991, et le nombre des élèves qu'on y fait n'étant que de 9,976, il y a à importer 37,015 bêtes représentant 37,015 t. ci. . . . . — » | **37,015**

Bêtes à laine, 292,743. Pour entretenir ce nombre il faut 29 274 élèves. Il est en outre abattu dans le département 43,521 moutons, ensemble 72,795, et comme le nombre des élèves qu'on y fait n'est que de 55,544, il y a à importer 17,248 bêtes, qui à 5 pour une tonne donnent 3,449 t. ci. . . . . — » | **3,449**

Bois, 79,652 hectares. Valeur de l'hectare, 1,000 fr.
Ce département peut exporter plus de 70,000 t. de bois.

TOTAUX. . . . . — **68,960** | **40,464**

TOTAL des exportations et des importations, ou mouvement général. . . . . — **109,424**

<table>
<tr><td></td><td>EXPORT.</td><td>IMPORT.</td></tr>
</table>

DÉPARTEMENT DE LA HAUTE-MARNE.

Population, 255,969 habitants.

	EXPORT.	IMPORT.
	Tonn.	Tonn.

Quantité de grains récoltée en 1832. 2,349,170 hectol.
Quantité nécessaire aux habitants. 1,719,373

Reste à exporter. . . . 629,797
qui, à raison de 64 kilog. par hectol. donnent 40.301 t. ci. **40,301** | »

Vignes, 13,136 hectares, à raison de 34 hectolitres par hectare, donnent 446,624 hectol. La consommation annuelle étant évaluée à 50 l. ou à 127,984 hectol. pour le département, il reste à exporter 318,640 hectol. ou 31,864 t. ci. . . . . **31,864** | »

73 usines à fer qui sont mues par 328 machines de la force de 1,726 chevaux.

PRODUITS.

Fonte. . . . . 43,650 t.
Gros fer. 22,545
Carrières de pierres à bâtir. . . . 23,932
Argile fine. 3,000
Argile commune. 30,000
Briques, tuiles et carreaux. . . . 14,980
Cendres. 8,805
Chaux fabriquée. 1,394
Plâtre fabriqué. 2,130
Houilles. 18,873

BESTIAUX.

Races bovines, 84,141. Pour entretenir ce nombre, il faut 8,414 élèves ; il est abattu dans le département, 29,817 bêtes, ensemble 38,221, les élèves qu'on y fait n'étant que de 21,901. il y a à importer 16,321 bêtes qui représentent 16,321 t. ci. . . . . » **16,321**

Bêtes à laine, 226.790 L'entretien de ce nombre exige 22,679 élèves ; le nombre des bêtes abattues dans le département est de 50,866, ensemble, 72,545, les élèves qu'on y fait ne s'élevant qu'à 55,735, il reste à importer 17,410 bêtes, qui, à 5 pour une tonne, donnent 3,482 t. ci. . . . . » **3,482**

Bois, 174,275 hectares. Valeur de l'hectare, 871 f.

Il se fait dans ce département une consommation prodigieuse de bois pour l'alimentation de ses forges ; mais s'il avait la facilité de se procurer de la houille, il pourrait exporter au moins 100,000 tonnes de bois.

TOTAUX. . . . . **72,165** | **19,803**

TOTAL des exportations et des importations, ou mouvement général.   **91,968**

DÉPARTEMENT DE LA MEUSE.

	EXPORT.	IMPORT.
	Tonn.	Tonn.

Population, 317,701 habitants

Quantité de grains récoltée en 1832. 2,373,892 hectol.
Quantité nécessaire aux habitants. 2,382,748

Quantité à importer. 8,856
qui, à raison de 64 kilog. par hectol. donnent 556 t. ci.   »   556

Vignes, 13,540 hectares à raison de 34 hectolitres par hectare, donnent 460 360 hectol. La consommation annuelle de chaque habitant étant évaluée à 50 litres, ou pour le département à 158,850 hectol. il reste à exporter 301,510 hectolitres ou 30,151 t. ci.   30,151   »

36 usines à fer qui sont mues par 171 machines de la force de 757 chevaux.

PRODUITS.

Fonte brute.	3,923 t.
Fonte	20,178
Gros fer.	9,500
Carrières de pierres à bâtir. . . .	30,000
Briques, tuiles et carreaux. . . .	58,332
Chaux fabriquée.	4,800
Houille importée.	7,280

BESTIAUX.

Races bovines, 80,650. Pour entretenir ce nombre, il faut 8,065 élèves, les bestiaux abattus dans le département s'élèvent à 26,711, ensemble 34,776, et comme le nombre des élèves qu'on y fait n'est que de 12,300. il y a à importer 22,476 bêtes qui représentent 22,476 t. ci.   »   22,476

Bêtes à laine, 223,535. L'entretien de ce nombre exige 22 353 élèves; le nombre des bêtes qui sont abattues dans le département est de 31,185, ensemble 53,538, et le nombre des élèves qu'on y fait étant de 53,815. il y a à exporter 277 bêtes qui, à 5 pour une tonne donnent 55 t. ci.   55   »

Bois, 137,755 hectares. Valeur de l'hectare, 965 fr.

Ce département pourrait exporter plus de 80,000 t. de bois.

	EXPORT.	IMPORT.
TOTAUX.	30,306	23,031

TOTAL des exportations et des importations ou mouvement général. . . . . : .   53,237

DÉPARTEMENT DE LA MOSELLE.	EXPORT.	IMPORT.
	Tonn.	Tonn.
Population, 427,250 habitants.		
Quantité de grains récoltée en 1832. 2,681,800 hectol.		
Quantité nécessaire aux habitants. 2,281,900		
Reste à exporter. . . . 399,900		
qui, à raison de 64 kilóg. par hectolitre, donnent. . .	25,593	»
Vignes, 5,291 hectares à raison de 34 h. par hectare, donnent 179,894 h. La consommation étant évaluée à 50 litres par habitant, ou à 213,625 h., il y a à importer 33,731 hectolitres, ou.	»	3,373
19 usines à fer mues par 117 machines de la force de 1,187 chevaux.		

PRODUITS.

Fonte brute	11,278 t.	
Fonte.	14,165	
Gros fer	10,582	
Acier de forge	14,028	
Alun.	79	
Sulfate de fer.	135	
Sel marin.	3,672	
Houille, exploitation du pays. . . .	3,055	
Tourbe, exploitation du pays. . . .	804	
Carrières de pierres à bâtir	36,746	
Argiles diverses.	4,500	
Chaux fabriquée.	9,855	
Briques, tuiles et carreaux	24,832	
Plâtre fabriqué	5,112	
Houille importée	5,679	

BESTIAUX.

Races bovines, 100,411. Pour entretenir ce nombre, il faut 10,041 élèves ; celui des bêtes qu'on abat dans le département étant de 33,361, ensemble 43,402, et le nombre des élèves qu'on y fait n'étant que de 25,731, on y importe nécessairement 17,671 bêtes, qui représentent 17,671 tonnes, ci . . . . » 17,671

Bêtes à laine, 195,902. Pour entretenir ce nombre, il faut 19,590 élèves ; celui des bêtes qui sont abattues étant de 50,354, ensemble 69,944, et le nombre des élèves qu'on y fait n'étant que de 51,787, il est importé 18,157 bêtes, qui à 5 pour une tonne donnent. . . . » 3,631

Bois, 92,228 hectares. Valeur de l'hectare, 654 fr.
Ce département peut en exporter au moins 50,000 t.

	EXPORT.	IMPORT.
TOTAUX.	25,593	24,675

TOTAL des exportations et des importations, ou mouvement général. 50,268

DÉPARTEMENT DE LA MEURTHE.

	EXPORT.	IMPORT.
	Tonn.	Tonn.

Population, 424,366 habitants.

Quantité de grains récoltée en 1832. 2,828,440 hectol.
Quantité nécessaire aux habitants. 2,707,687

Reste à exporter. . . 120,753

qui, étant multipliés par 64 kilog. pour chaque hectol., donnent. **7,328** | »

Vignes, 16,471 hectares, à raison de 34 hectolitres par hectare, donnent. . . . . . . 556,614 hectol.
La consommation est estimée à 50 l.
par habitant, ou à. 212,183

Il reste donc à exporter . . . . 344,451 ou. . **34,445** | »

2 usines à fer mues par 4 machines de la force de 30 chevaux.

PRODUITS.

Gros fer. . . . . 167 t.
Sel marin. . . . . : 26,693
Carrières de pierres à bâtir 38,428
Argile calcaire 11.136
Chaux fabriquée. 5,882
Briques, tuiles et carreaux 22,120
Plâtre fabriqué 5,518
Produits chimiques. 7,747

BESTIAUX.

Races bovines, 84,153. Pour entretenir ce nombre, il faut 8,415 élèves; celui qu'on abat dans le département étant de 41,893, ensemble 50,308, et le nombre des élèves qu'on y fait n'étant que de 19,790, il doit y être importé 30,518 bêtes, qui représentent. . . . . . » | 30,518

Bêtes à laine, 177,236. Pour entretenir ce nombre, il faut 17,723 élèves ; celui qu'on abat dans le département étant de 66,970, ensemble 84,693, et le nombre des élèves qu'on y fait n'étant que de 34,615, il doit y être importé 50,078 bêtes, qui, à 5 pour une tonne, donnent. » | 10,015

Bois, 116,209 hectares. Valeur de l'hectare, 658 fr.
Ce département peut exporter 50,000 tonnes de bois.

TOTAUX. . . . . **41,773** | **40,533**

TOTAL des exportations et des importations, ou mouvement général. **82,206**

<table>
<tr><td></td><td>EXPORT.</td><td>IMPORT.</td></tr>
</table>

DÉPARTEMENT DES VOSGES.

Population, 411,034 habitants.

	Tonn.	Tonn.

Quantité de grains récoltée en 1832.   1,870,140 hectol.
Quantité nécessaire aux habitants.   2,095,811

Quantité à importer   225,671
qui, à raison de 64 kilog. par hectol., donnent 14,442
tonnes, ci. . . . .   »   14,442
Vignes, 4,490 hectares, à raison de 34 hectol. par hectare, donnent 152,660 h La consommation étant évaluée à 50 litres par habitant dans le département, ou à
205,517 hect., il y a à importer 52,857 hect., ou 5,285
tonnes, ci. . . . .   »   5,285
28 usines à fer mues par 136 machines de la force de
1,300 chevaux.

PRODUITS.

Fonte . . . .   4,959 t.
Gros fer.   7,485
Acier de forge   229
Tourbe exploitée dans le département.   4,630
Carrières de pierres à bâtir. 59 038
Argile fine.   5,010
Argile commune.   40,473
Briques, tuiles et carreaux.   4,200
Chaux fabriquée.   5,058
Plâtre fabriqué   2,582
Produits chimiques.   729
Houille.   1,380

BESTIAUX.

Races bovines, 139,929 L'entretien de ce nombre
exige 13,992 élèves; celui des bêtes qu'on abat dans le
département étant de 32,654, ensemble 46,646, et le
nombre des élèves qu'on y fait n'étant que de 42,146, il
y a lieu à l'importation de 4,500 bêtes, qui représentent
4,500 t., ci. . . . .   »   4,500
Bêtes à laine, 119,932. L'entretien de ce nombre exige
11,993 élèves; le nombre des bêtes qui sont abattues
dans le département est de 22.625, ensemble 34,618, et
celui des élèves qu'on y fait étant de 36,084, il reste à
exporter 1,466 bêtes, qui, à 5 pour une tonne, donnent
293 t., ci.   293   »

, Bois, 129,474 hectares. Valeur de l'hectare, 912 fr.
Ce département peut en exporter 100,000 tonnes.

TOTAUX.   293   24,227

TOTAL des exportations et des importations, ou mouvement général   24,520

DÉPARTEMENT DE LA HAUTE-SAONE.

Population, 343,298 habitants.

	EXPORT.	IMPORT.
	Tonn.	Tonn.

Quantité de grains récoltée en 1832.　1,686,465 hectol.
Quantité nécessaire aux habitants.　1,565,971

Reste à exporter.　. 　.　120,494
qui à raison de 64 kil. par hectol. donnent 7,711 t., ci.　→ **7,711** | **»**

Vignes, 11,769 hectares à raison de 34 hectol. par hectare donnent 400,146 hectol. La consommation à raison de 50 litres par habitant produit 171,649 hectol., il y a donc à exporter 228.497 hectol , ou 22,849 t. ci.　.　→ **22,849** | **«**

45 usines à fer mues par 182 machines de la force de 1,208 chevaux.

PRODUITS.

Fonte.	25,850 t.
Gros fer.	5,230
Acier de forge.	250
Sel marin.	6,000
Houille exploitée dans le département.	16,340
Tourbe exploitée dans le département.	5,186
Carrières de pierres à bâtir. . . .	11,414
Argile commune.	17,663
Briques, tuiles et carreaux. . . .	33,117
Chaux fabriquée.	3,877
Plâtre fabriqué.	6,000

BESTIAUX.

Races bovines, 116,626. Pour entretenir ce nombre il faut 11,662 élèves ; celui des bêtes qui sont abattues dans le département étant de 31,862, ensemble 43,524, et le nombre des élèves qu'on y fait n'étant que de 35,366, il y a lieu à l'importation de 8,158 bêtes représentant 8,158 t., ci. . . . . →　«　| **8,158**

Bêtes à laine, 125,082. Pour entretenir ce nombre il faut 12,508 élèves ; on abat dans le département 43,884 bêtes, ensemble 56,391, et le nombre des élèves qu'on y fait n'étant que de 27,886, il reste à importer 28,500 bêtes qui, à 5 pour une tonne, donnent 5,761 t., ci. →　»　| **5,761**

Bois, 154,229 hectares. Valeur de l'hectare, 1,074 fr. Ce département peut en exporter 70,000 tonnes.

TOTAUX.	30,560	13,919

TOTAL des exportations et des importations, ou mouvement général. . . . . 　**44,479**

DÉPARTEMENT DU HAUT-RHIN.

Population, 447,019 habitants.

	EXPORT.	IMPORT.
	Tonn.	Tonn.

Quantité de grains récoltée en 1832.   1,247,476 hectol.
Quantité nécessaire aux habitants.   1,625,429

Quantité à importer.   377,953
qui à raison de 64 kil. par hectol. donnent 24,188 t., ci.   »   24,188

Vignes, 11,141 hectares qui, à raison de 34 hectol. par hectare, donnent 378,794 h. La consommation étant estimée à 50 litres par habitant, ou à 223,509 hect., il y a à exporter 155,285 hect. ou 15,285 t., ci.   15,285   »

9 usines à fer mues par 50 machines de la force de 292 chevaux.

PRODUITS.

Fonte brute. . . . . 2,688 t.
Gros fer. 1,723
Houille exploitée dans le département.   541
Tourbe exploitée dans le département.   197
Carrières de pierres à bâtir. . . . 35,468
Argile commune. 89,725
Briques, tuiles, carreaux. 44,065
Chaux fabriquée. 8,504
Plâtre fabriqué. 5,614

BESTIAUX.

Races bovines, 107,485. Pour entretenir ce nombre il faut 10,748 élèves ; le nombre de bêtes qu'on abat dans le département étant de 56,645, ensemble 67,393, et celui des élèves qu'on y fait n'étant que de 29,861, il y a à importer 37,532 bêtes qui représentent 37,532 t., ci.   »   37,532

Bêtes à laine, 60,532. Pour l'entretien de ce nombre il est nécessaire qu'on fasse 6,053 élèves ; on abat dans le département 21,510 bêtes, ensemble 27,563, et le nombre des élèves qu'on y fait n'étant que de 11,372, il y a à importer 16,191 bêtes qui, à 5 pour une tonne, donnent 3,238 t., ci. . . . .   »   3,238

Bois, 113,215 hectares. Valeur de l'hectare, 741 fr.

TOTAUX.   15,285   64,958

TOTAL des exportations et des importations, ou mouvement général.   80,243

DÉPARTEMENT DU BAS-RHIN.

Population, 561,859 habitants.

	EXPORT.	IMPORT.
	Tonn.	Tonn.

Quantité de grains récoltée en 1832.   2,727,867 hectol.
Quantité nécessaire aux habitants.   2,187,695

Reste à exporter. . . .   540,172
qui à raison de 64 kil. par hectol. donnent 34,571 t., ci.   **34,571**   »

Vignes, 13,123 hectares à raison de 34 hectol. par hectare donnent 446 182 hectol. La consommation étant évaluée à 50 litres par habitant dans le département, ou à 280,929 hectol., il y a à exporter 165,253 hectol., ou . .   **16,525**   »

3 usines à fer mues par 27 machines de la force de 203 chevaux.

PRODUITS.

Fonte brute. . . . .   1,587 t.
Fonte.   2,522
G os fer.   1,107
Alun.   797
Sulfate de fer.   659
Bitumes.   180
Houille exploitée dans le département   180
Lignites.   19,608
Tourbe exploitée dans le pays. . .   24,520
Carrières de pierres à bâtir. . . .   30,840
Argile commune.   89,131
Briques, tuiles et carreaux. . . .   107,727
Chaux fabriquée.   8,752
Plâtre fabriqué.   9,764
Produits chimiques.   100

BESTIAUX.

Races bovines, 126,971. Pour l'entretien de ce nombre il faut 12,697 élèves ; le nombre des bêtes qu'on abat dans le département étant de 74,513, ensemble 87,210, et le nombre des élèves n'étant que de 36,513, il y a importation de 50,697 bêtes, qui représentent 50,697 t., ci . . . .   »   **50,697**

Bêtes à laine, 85,124. L'entretien de ce nombre exige 8,512 élèves ; on abat dans le département 31,387 bêtes, ensemble 39,899, et le nombre des élèves qu'on y fait n'étant que de 20,158, on doit y importer 19,741 bêtes, qui à 5 pour un tonneau donnent 3,948 t., ci. . . .   »   **3,948**

Bois, 117,754 hectares. Valeur de l'hectare, 690 fr.
Ce département peut en exporter 40,000 tonnes.

TOTAUX. **51,096**   **54,645**

TOTAL des exportations et des importations, ou mouvement général.   **105,741**